CENNI BIOGRA...

DEL CONTE

LORENZO MONTEMERLI

CAVALIERE DELLA LEGION D'ONORE

PROMOTORE DELLA SOCIETÀ UNIVERSALE

DI PATRONATO AL LAVORO

DEDICATI

A TUTTI GLI IMPARZIALI ED ONESTI

BOLOGNA

TIP. DELLA SOCIETÀ AZZOGUIDI

1879

CONTE LORENZO MONTEMERLI

Cavaliere della Legion d'Onore

Promotore della Società Universale di Patronato al Lavoro.

1879.

INTRODUZIONE

Ora che la Questione Sociale s'impone sovrana alla considerazione dei popoli, ora che dalle più ime latebre dell'umana società, sorge alla luce del sole tanta peste di sovversive dottrine che ammorba ambi gli emisferi, si riconosce prepotente il bisogno di provvedere, riparare, opporsi al dilagare delle nuove teorie, che, tradotte sul terreno pratico, sarebbero fonte d'incredibili sciagure alla povera umanità.

E che le nostre previsioni, i nostri sgomenti non siano esagerati, parlino a nostra difesa gli orribili eccidi del 93 e della Comune in Francia del 1871, il suscitarsi dell'idra dell'Internazionale che dappertutto spargendo il veleno che vomita dal suo corpo infetto, vuole sulla rovina degli altari e dei troni, della famiglia e della proprietà, erigere il sanguinoso e turpe edificio della tirannide proletaria. In presenza di tanto male, i filosofi umanitari, i filantropi si sono chiusi nel segreto dei loro gabinetti ad escogitare sistemi, che

valessero ad infrenare o almeno ad incanalare la
corrente che dilaga sdegnosa di ripari e di sponde.

E per verità dai più . begli ingegni europei,
dagli uomini cui scalda il petto l'amore santissimo
dell' umanità che affratella se stessa, il frutto
teorico di teorici studi si è manifestato in tutta
la sua più splendida e varia bellezza.

Ma ai sistemi bellissimi, alle teorie ineccezio-
nabili, all' idee peregrine e sublimi, non ha cor-
risposto finora egual messe di pratica attuazione,
laonde pur sempre piangiamo a lagrime di sangue
nel vedere l' uragano che nero e minaccioso so-
vrasta e che non sa frastornarsi. Per ritornare il
cielo sociale alla diafana serenità di quei tempi,
in cui l'ignoranza della mente era compensata
dalla bontà del cuore nelle masse popolari, di quei
tempi, in cui il principio d'autorità era sacro e
intangibile, bisogna far toccare con mano al proletario che maledice questa società matrigna, che
la società stessa vuol curarsi davvero di sanare
le sue piaghe, nè più pretendere alcun dovere
scompagnato da un corrispondente diritto.

Questo preambolo abbiamo riputato indispen-
sabile nell' accingerci a tessere brevemente i cenni
biografici di un uomo, che, se non può vantare
di avere a tavolino escogitati sistemi di ripara-
zione sociale, può bene andare orgoglioso di avere
colpita a volo un' idea praticissima nell' attuazione
e che sarà, se non il solo, certo uno dei farmachi
più sicuri alle piaghe sociali, uno degli argini più
poderosi contro l' infuriare della corrente internazionale.

Infatti la causa precipua del malcontento e dell'odio che serpe nelle vene del proletario contro le classi più in alto poggiate è la mancanza di lavoro o il lavoro mal ricompensato per la sordida tirannia d'infami speculatori. Questi ingrassano sul sangue dell'operaio e non pensano gl'incauti che tal sangue farà scoppiare sul loro capo un dì o l'altro la folgore più tremenda.

Ecco perchè noi asseriamo senza tema di essere smentiti che l'organizzazione compatta e regolare di un *patronato universale al lavoro* sanerà tanti dolori, attutirà tanti odï e farà brillare nel mondo il riso dell'onestà. Quando l'operaio avrà assicurato a sè un lavoro equamente ricompensato e non vedrà più languire sotto i proprii occhi i suoi cari, si sentirà istintivamente sciogliere in petto l'odio contro gli abbienti, e felice nel suo modesto stato, chiuderà le orecchie al canto delle malefiche sirene, che, servendosi di lui e raggiunto lo scopo loro, non vogliono che ad una tirannia sostituirne un'altra più atroce.

L'uomo di cui ci accingiamo a parlare, non appena ebbe esternata la sua idea, che da ogni parte una fitta siepe di dolori, di disinganni, di insinuazioni tentò di precludergli la via al compimento di essa idea. Solito retaggio riservato a chi veramente vuole operare il bene!

Due sono le classi di coloro che si atteggiano a riparatori dei mali sociali e che non concludono un bel nulla: gli umanitari teoretici che consumano carta a quintali, inchiostro a fiumi per lasciare le cose nello stato miserevole in cui si trovano, e coloro che, dominati da una prepotente ambizione personale, quel po' di bene che tentano non conducono mai a fine, appunto perchè, perduti di vista i nobilissimi ideali a cui dovrebbero sempre essere intenti i lor occhi, non operano che in riguardo di considerazioni e di mire personali.

Entrambe queste classi più o meno apertamente fecero guerra al concepitore e promotore della *Società Universale di Patronato al Lavoro*; entrambe soffiarono nel fuoco suscitato contro questo uomo: e dire che vogliono essere creduti, e guai chi non crede, i veri e soli salvatori della società in pericolo!

Se a questa guerra si aggiunga l' altra accanitissima fatta scoppiare dall'Internazionale contro l' uomo di cui ci occuperemo, si avrà la ragione logica di tante insinuazioni, di tante calunnie contro di lui. Noi, pochi mesi addietro, non conoscevamo quest' uomo; ce l' hanno fatto conoscere le turpi macchinazioni e le arti sleali dei suoi detrattori, ed allora abbiamo voluto di certa scienza sapere chi fosse questo bersagliato, perchè, sebbene giovani, abbiamo purtroppo l' esperienza che là dove si combatte un uomo, un principio, siavi un uomo, un principio che vien temuto dagli assalitori.

La nullità o la ingenua mediocrità non sono mai giunte ad interessare gran che, ma noi vedevamo l' interesse che suscitava il Montemerli; dunque in lui doveva esservi stoffa a qualche impresa non disutile: l' abbiamo voluto avvicinare, l' abbiamo studiato, ed ora presentiamo al

pubblico il frutto dei nostri studi. Nè si creda
già che la inesperiente bonomia di due giovani
sia stata sorpresa dall'accorta malizia di un vecchio;
tutto quello che noi diremo, lo diremo colla scorta
dei fatti e colla testimonianza autorevole dei pa-
triotti più specchiati, dei personaggi più eminenti
della nostra penisola.

Così facendo, abbiamo la coscienza di giovare
per quanto è in noi specialmente al nostro paese
perchè, tolti gli ostacoli che si sono frapposti
all'attuazione del progetto del nostro biografato,
quando questo progetto, come ne abbiamo fermis-
sima convinzione, sarà un fatto compiuto, noi
potremo dir con orgoglio: di avere contribuito in
qualche parte all'attuazione di esso.

Ed ora che l'uomo di cui tesseremo la vita
operosa, sta per intraprendere un benefico pelle-
grinaggio da un capo all'altro d'Italia in pro del
suo progetto, noi sorgiamo, come avanguardia,
davanti a lui e col nostro opuscolo dimostreremo
al pubblico onesto e imparziale che quest'uomo è
degno di ogni appoggio, di ogni lode, d'ogni
considerazione e che il dente della calunnia non
può intaccarne la fama intemerata di cittadino e
di benefattore dell'umanità.

Ecco intanto la lettera con cui noi abbiamo
chiesto al Conte Lorenzo Montemerli l'autorizza-
zione di tesserne i cenni biografici, ed ecco la
risposta, che a coronamento di questa nostra pre-
fazione, riferiamo ai lettori.

Illustrissimo signor Conte,

Roma, 2 Aprile 1879.

Addolorati dell'ingiusta guerra che Le viene mossa mentre Ella si adopera all'effettuazione di un progetto umanitario, conoscendo a prova chi Ella sia e quali cose abbia operato a favore del nostro paese, noi Le domandiamo il permesso di far conoscere agli altri, per mezzo della pubblica stampa, ciò che di Lei sappiamo e così avremo la coscienza di fare opera doverosa ed onesta, e contribuiremo a risarcirla delle offese patite.

In attesa di un suo riscontro, ci protestiamo di Lei

Dev.mi aff.mi

TELESFORO SARTI.
FEDERICO MARZOCCHI.

Al Sig. Conte Lorenzo
Montemerli - Firenze.

Miei cari e giovani Amici,

Firenze, 4 Aprile 1879.

Vi sono grato, gratissimo, e la vostra profferta generosa mi compensa delle sofferte amarezze. Vi aderisco di buon grado, non tanto per me quanto perchè con questo mezzo mi si spianerà la via all'effettuazione del mio progetto.

Vi autorizzo quindi a scegliere fra tutti i documenti che vi mando, perchè intendo che ogni cosa che esporrete sia autenticata dai fatti e dalle testimonianze di persone autorevoli. Vi scongiuro a star lungi da ogni adulazione.

Vostro amico

C. L. MONTEMERLI.

Ai signori Sarti Prof.
Telesforo e Federico
Marzocchi - Roma.

CENNI BIOGRAFICI

DEL

CONTE LORENZO MONTEMERLI

———

Nul bien sans peine: questo motto che si legge scolpito sull'arma gentilizia dell'uomo della cui vita ci stiamo occupando, si è appuntino verificato per lui, imperocchè, per ricompensa ad opere di beneficio umanitario, egli non ha raccolto finora che disinganni e amarezze. Speriamo che la dicitura di questo motto si smentisca per lui alla fine.

Noi non siamo di coloro che nella chiarezza od oscurità degli antenati fondano ragioni d'orgoglio o d'avvilimento per i nipoti: è nostra ferma opinione essere le azioni individuali di ciascun uomo che questo più o meno onorano, indipendentemente dai fregi araldici e dal sangue più o meno azzurro delle generazioni trascorse. Di tale avviso è pure il nostro comune amico Montemerli, che, sebbene di origine nobilissima e quasi regale, non volle adottare il titolo di Conte, se non quando vi fu costretto per ragioni matrimoniali. Di fatti risulta dalle nostre ricerche che il Conte Lorenzo Montemerli, nato a Porto Ferraio nel 1817, discende da una famiglia fra le più cospicue della penisola. È storicamente provato che ai tempi di Barbarossa, questi assediando Tortona, minacciò una Clementina Montemerli, feudataria di castella nei dintorni, di adoperare il ferro ed il fuoco contro i suoi dominï qualora non si fosse resa a discrezione. La imperterrita donna non si lasciò smuovere dalle minaccie del barbaro che a sua volta non recesse dal cupo divisamento. Però se la fiera castellana coi suoi famigliari rimaneva vittima del Barbarossa, i figli di lei che militavano in aperta campagna contro i Tedeschi, andarono a dimorare in Toscana, fermando la loro sede più specialmente in Pisa. I Montemerli, creati patrizi della Repubblica medioevale pisana, conservarono sempre la loro nobiltà e l'accrebbero anzi contraendo illustri parentadi colle nobilissime famiglie Giachini, Sandonnini e Delbecco.

Ed è fama che una figlia di Jacopo III Appiani d'Aragona andasse sposa ad un conte Montemerli, legandosi così la famiglia di costui in parentela con Lorenzo de' Medici (1).

In quell'epoca erano i Montemerli così ricchi e potenti che i Medici inibirono loro con legge speciale di estendere maggiormente i loro dominï nella Maremma toscana e segnatamente nella nobil terra di Campiglia.

Le ricchezze della famiglia sfumarono pressocchè interamente nello scorso secolo: imperoc-

(1) V. Documento estratto dall'Archivio Piombino (N.° 1)..

chè Tommaso Montemerli, padre al nostro Lorenzo, morì senza lasciare fortuna. È bensì vero che Lorenzo si ebbe una ricca eredità da uno zio paterno che fu Francesco Montemerli, grande viaggiatore alle Indie nel secolo passato: ma è altresì vero che Lorenzo, uscito di minorità, trovò l'ereditato patrimonio assai oberato per un'infinità di liti sostenute con parenti e collo stesso governo toscano.

L'accenno di questo fatto inconfutabile serva di smentita a coloro che asseriscono avere Lorenzo dato fondo ad un patrimonio.

Non siamo noi i primi ad occuparci della vita del Conte Montemerli: abbiamo sott'occhi una *memoria* inedita che fino dal 1848 gli scrissero gli amici e nella quale ci si assicura abbia collaborato un intimo amico del Conte, l'illustre letterato e poeta Giuseppe Giusti. Non intendiamo quindi frodare i nostri lettori di questo scritto che ha un valore altresì letterario, e lo riportiamo per intero. Noi riprenderemo poi il filo delle gesta del nostro biografato dal 48 in poi:

« Promulgare con parole d'encomio le nobili azioni a vantaggio e decoro della patria comune, non è oggimai cortese ufficio, ma debito di giustizia: perocchè i fatti più che le parole sono scuola, incitamento, ed esempio. Non sarà quindi inopportuno ricordare ai Toscani il nome del benemerito nostro concittadino Lorenzo Montemerli, nome già chiaro per virtù civili e per patriottica operosità.

» Nella prima giovinezza, seguendo l' orme paterne, ei si diede alla carriera militare; ma vedendo che in quella pure prevaleva al merito l' intrigo, ed avutane prova nelle soperchierie cui dovè soggiacere il suo genitore, depose allora spontaneo la divisa militare (1) e fece profitto della sua non ordinaria valentia nell' arte del canto. Nella capitale del Portogallo e in Oporto si levò in fama di esimio artista, e tanta fu la stima e la benevolenza che seppe conciliarsi, che non tenui nè scarse furono le sue collette in soccorso de' suoi connazionali colà ricoverati. Ardente e schietta carità di patria fu, a così dire, lo spirito che animò le azioni tutte del Montemerli non solo nelle sue peregrinazioni in terra straniera, ma anche quando tornato nella sua diletta Italia facea che l' arte da lui sì nobilmente professata servisse non tanto a suo pro ed onore, quanto a beneficio de' veri indigenti e delle migliori filantropiche istituzioni. In Bologna infatti egli donava agli amnistiati il prodotto della serata del 24 Novembre 1846 a suo profitto destinata. In Porto Ferraio, Piombino, Campiglia ed in Ravenna spiegava le maestrevoli modulazioni della sua voce a vantaggio degli Asili Infantili; a dir breve ei fu schiettamente filantropo, parco di parole, prodigo di fatti, semprechè eragli dato afferrarne l' occasione.

» Preceduto dalla fama d' artista, di tanti pregi ornatissimo, il Montemerli si recò a Milano verso

(1) V. Documento N. 2.

la fine del Gennaio del 1848 e tosto l'impresa
del teatro della Scala lo scritturò per l'autunno
prossimamente decorso, e pel successivo carnevale.
Ma indi a poco, ai primi di Marzo, gli avvenne
che, mal soffrendo la brutale insolenza d'un ufficiale austriaco esigesse da costui soddisfazione
nell' affollato teatro al cospetto dell' Ispettore
Accademico presenti il celebre Ernesto Cavallini
ed il marchese Brivio e lo sfidasse al paragone
delle armi. Allora l'austriaca polizia con modi
gentili gl'ingiunse di lasciar Milano, e la sera
del 18 del mese stesso era prefissa alla partenza,
quando sua ventura volle che la mattina di quel
giorno memorando l'Insubre Leone frangesse re-
pente la vecchia catena, e mandasse sì terribile
un ruggito che gli oppressori ne tremarono. Il
fremito dei generosi scosse ed invase il Montemerli, il quale dimenticando l'arte e se stesso, e
rinunziando al brillante e lucroso avvenire che
lo attendeva in Pietroburgo ed in altre capitali,
ricinse la spada per darsi tutto alla santa causa,
ed ebbe la fortuna di cooperare alla cacciata dei
nemici d'Italia. E perchè se libertà si acquista
coll' armi, sol con queste si presidia e si mantiene,
tosto il Montemerli generosamente si offriva di
istruire i militi nazionali nel maneggio delle armi,
senza verun compenso pecuniario, e mosso soltanto
da un caldo e vero amore di patria (1). Per questo operò egli pure prodigi, e fatto quasi supe-

(1) Giornale *Pio IX*, N. 15. (doc. N. 3)
In questo giornale troviamo appunto un articolo che porta per titolo - Lorenzo Montemerli - e firmato F. Sanseverino.

riore a se medesimo tanto si adoperò, affaticandosi senza posa da mane a sera, che nel breve spazio di un mese ottenne risultati credibili solo a chi vide le manovre dai suoi allievi eseguite sulla piazza dell'Armi nei giorni 21 e 23 dello scorso Maggio alla presenza del general Lechi supremo comandante delle milizie regolari Lombarde, il quale fu prodigo delle debite lodi al valentissimo istruttore (1). La folla meravigliata ed esultante per la bella tenuta e per la precisione dei movimenti di quell'ardente gioventù, alzò unanime un grido di plauso che fu pel Montemerli la più commovente e grata mercede. Lodavasi da tutti l'animo di lui militarmente risoluto, la ferma volontà, la straordinaria attitudine al suo proposito, ed anco la severità, quella severità che conciliava stima ed amore, perchè figlia della potente ed energica volontà con cui voleva istruire e voleva che si imparasse (2).

» Nè pago del molto che in poco tempo avea fatto, fece gratuita offerta d'istruzione anche agli ufficiali Superiori, dichiarando con squisita delicatezza nel *bell' inteso proclma* « che non » intendeva già di render loro servigio, dove » sentiva invece di ricever grazia nell'essere » adoprato e reso degno del nome di vero loro » fratello. »

Così propagavasi semprepiù rapidamente l'istruzione, rendendosi i capi dei singoli corpi abili a coadiuvarlo nella benemerita ed acclamata im-

(1) Riportiamo per intero un manifesto a stampa che avvalora l' asserto (doc. N. 5).
(2) V. N. 38 del Giornale *La politica per il Popolo* (doc. N. 6).

presa. Nella quale il Montemerli ebbe lodatori gli stessi istruttori Piemontesi assoldati dal Governo Milanese, che maravigliati alle evoluzioni delle anzidette due giornate, confessavano di non comprendere come sì brevemente si potesse tanto raggiungere. E lo provavano col fatto « che nes- » suno di essi con maggior agio di tempo seppe » condurre le schiere all' agone segnato dall' i- » narrivabile Toscano (1). »

» Compiuta l' opera prima, pensò il Montemerli che, a render guerriero un popolo, più valeva una progressiva e preparata educazione, che non l' entusiasmo di un impeto istantaneo; ed ecco in brev' ora composto e schierato il battaglione dell' adolescenza, forza e decoro della sorgente generazione. Fu spettacolo fecondissimo d' inenarrabili emozioni vedere quei giovinetti assistere alla benedizione del loro Vessillo, tutti animati da mirabile spirito d' ordine e di disciplina: di che nuovi attestati di vivissima riconoscenza piovvero d' ogni parte sul bravo Istruttore. Oratori e poeti Lombardi ne lodavano a cielo il patriottismo ed il valore; ed opera di mani gentili, gli fu presentata, fra sincere acclamazioni, una ricca bandiera, che egli donò quindi alla guardia degli adolescenti.

» Anche l' entusiasmo da' suoi meriti destato nell' animo dei buoni Milanesi fu dal Montemerli rivolto a santo scopo, quando, udito il disastro delle armi toscane a Curtatone, alle Grazie ed a

---

(1) *Gazzetta di Milano.* N. 99. (doc. N. 7).

Montanara, fece immediato appello alla generosità milanese, ed in brevi istanti, *quantunque critici tempi per le sofferte vicende*, raccolse 20,000 lire milanesi di cui depositario fece il cassiere del marchese Cussani a sollievo delle famiglie dei volontarii nostri rimasti in un misero stato per quell' avvenimento. Il popolo ragiona coi fatti; e il popolo di Milano volle così annientare le oltraggiose parole del giornale officiale del 5 Giugno 1848, che stoltamente austreggiando, irridevano al valore dei nostri prodi, e contro le quali il Montemerli in nome di tutti i toscani residenti in quella città fece pubblica ed energica protesta. Nè men luminosa di questa fu la testimonianza di fiducia e di benevolenza che egli ebbe dai Milanesi, quando, levatasi a tumulto una parte del popolo contro il Governo provvisorio, al suono della sua voce autorevole e cara, si tacquero in un subito le grida sediziose, da lui francamente biasimate, *come si esprimeva quindi in apposito proclama* « perchè » propizie al nemico e perchè la sua fede politica » è la fratellanza non delle parole ma del cuore, » è l' amore all' Italia, l' amore a tutti, meno che » all' austriaco in campo. »

» L' invidia, che, sotto colore di zelo, nasconde sempre il suo veleno, fece prova delle arti sue anche contro il Montemerli. Susurravasi destramente all' orecchio dei milanesi esser egli troppo giovine, quasi l' età fosse misura del sapere; non doversi perciò ciecamente fidare nell' abilità di un giovine che da cinque anni abbandonata avea la carriera militare: se fosse stato, qual credevasi, peritissimo nell' arte militare, egli toscano, sarebbe stato richiamato in patria, dove invece erano già istruttori piemontesi. Per queste perfide insinuazioni si raffreddarono verso di lui gli animi dei diplomatici, e dei municipalisti. Un popolo libero però non lasciasi guidare da tenebrose tristizie, ma dal vero e dal giusto: a lui sta il giudicare, in lui il tribunale della pubblica opinione. Così l' istruttore adunque della *Guardia Civica* di Milano, il padre del battaglione della Speranza, rimeritato d' amore e di venerazione da tutti dopo la lotta, *in che diè mostra delle sue discipline militari apprese in Inghilterra in Francia, in Ispagna, e della sua fermezza*, trionfò; e la solenne dimostrazione fattagli dal popolo di Monza in occasione della benedizione delle bandiere, gli fu lauto compenso ai passati fastidi.

» Colà gli fu dato godere uno dei più bei giorni della sua vita, vedere due popoli che per opera sua si spogliavano dell' antico peccato, il puntiglio municipale, e si stringevano nel più sincero amplesso di fratellanza, gridando: viva l' Italia, viva l' unione! Colà i suoi adolescenti fraternizzavano con quelli del battaglione Bosisio con sì solenne gioia, che, quei buoni, *oltre ad acclamarlo loro Direttore*, ne vollero perpetuata la rimembranza con due epigrafi in marmo affisse alle pareti di quel *celebre* Istituto.

» Concluso il fatale armistizio, il Montemerli per isfuggire all' austriaca rabbia, riparavasi in Toscana; e l' amatissimo nostro Principe, considerando l' operosità e lo zelo di vera e sentita

carità cittadina da lui spiegato in Milano (così
nel dispaccio del 21 Agosto 1848), a vantaggio
delle famiglie dei prodi toscani morti gloriosamente a Curtatone e Montanara, lo nominava
capitano onorario della milizia cittadina, da rimanere addetto allo stato maggiore della milizia
stessa in Firenze.

» Nel successivo 27 del mese medesimo trovavasi il Montemerli in Livorno, ove, a causa del
movimento popolare, volevasi affidargli *per la buona
parte in quello presa*, il comando della guardia
civica; ma egli lo ricusò per sentimento di delicatezza (1) nonostante avesse antecedentemente
dato le disposizioni necessarie in quei momenti,
di concerto col gonfaloniere provvisorio Michele
D' Angiolo, il quale col suo certificato del 31 del
mese ridetto, attestò la nomina suddetta ed essersi il Montemerli, in quella difficile circostanza,
comportato da buono ed onesto cittadino (2).

» Ora egli è in Firenze, ove, se si eccettui un
articolo inserto per cura di un amico nel N. 17
della *Patria* (3) le lodi tributate da tutti i giornali
milanesi al benemerito toscano, *che volle mai
sempre sostenere la sua origine a decoro del suo
paese*, non trovarono un' eco che ripetesse parole
di onoranza e di affetto. Se quelle lodi fossero un
dono o un debito, lo dicano i milanesi tutti e
della fede politica del Montemerli sieno argomento

(1) Ecco il documento (N. 8).
(2) Riportiamo una lettera che sarà valido documento: V. Documento N. 9
(3) Vedi Documento N. 4.

tutti gli scritti da lui pubblicati nei quali segna-
vasi sempre uffiziale toscano, mostrando come non
gli venne mai meno l'ingenita propensione alle
armi e l'amore della terra natale. E perchè un
più lungo oblio sarebbe turpe macchia d'ingra-
titudine, noi volemmo *rilevati tutti questi fatti* e
commendato un uomo, il quale, se con tanto ardore e disinteresse si adoperò per la gloria
d'Italia in Milano, è da credere che assai più fer-
vente zelatore si mostrerebbe del pregio e dell'o-
nore dell'armi patrie. È nostro voto adunque che
in tanto movimento di riforme disciplinari nelle
milizie nostre, il genoroso cittadino, il prode militare, l'applauditissimo Istruttore, venga merita-
mente considerato, nè qui a lungo rimangasi inoperoso e negletto per non verificare quel detto del
la evangelica Sentenza

    « *Nemo propheta acceptus in patria.* »

Fin qui lo scritto attribuito a Beppe Giusti,
scritto che noi ci siamo studiati di avvalorare
con documenti esatti ed autenticati. Come si vede,
fino d'allora il Conte Lorenzo Montemerli aveva
una corrente avversa, causa forse del suo carattere spesso intollerante e bisbetico.

Dobbiamo tuttavia aggiungere una circostanza
omessa nello scritto dianzi citato: nell'Agosto 1848
tanto era il concetto della capacità militare del
Montemerli che il Comitato di Pubblica difesa
di Milano gli affidava il Comando delle Guardie Nazionali ed altri rilevanti incarichi, (1) ma

(1) V. Documento N.° 11.

egli rifiutò perchè comprese bene che Milano avrebbe capitolato ed, essendo toscano, non voleva assumere responsabilità di una difesa disperata, e andò a raggiungere la moglie che trovavasi a Genova.

Ora per tornare, come suol dirsi, a bomba, lo troviamo adunque negletto in Firenze nel 1849, come ce lo raffigura lo scritto riportato più sopra.

Frattanto nasce il Governo Democratico del Gran Duca di Toscana, poi segue la fuga di questo, e la nomina di un Triumvirato per governo provvisorio, rappresentato da Montanelli, Guerrazzi e Mazzoni: sotto i quali viene il Montemerli nominato Capitano e presidente della Commissione per la organizzazione dei Militi Volontari,

Egli infatti organizzò un reggimento forte di 1800 uomini, il di cui primo battaglione partì alla difesa degli Appennini col bravo Pietro Balzani e l'altro battaglione era tuttora inerme al momento della restaurazione Granducale.

Era in potere del Conte Montemerli di armarli e venire in piazza ad appoggiare od osteggiare la restaurazione: ma invece, da uomo leale, si contenne diversamente e colla propria autorità fece sì che quei volontari conservassero una perfetta neutralità, sicchè furono sciolti e rimandati senza danno di sorta: l'unica linea di condotta allora possibile e che gli fruttò poi la lode di eminenti personaggi (1).

(1) Riportiamo due lettere necessarie: V. Documenti N.º 10 e 14.

Appena entrati i Tedeschi in Toscana, egli diede le proprie dimissioni (1) ed emigrò in Francia, ove riprese la carriera artistica interrotta per accorrere in aiuto della patria. Nel 1850 e 51 lo troviamo scritturato a Londra nel Teatro della Regina, ove raccoglie plausi unanimi pel suo ingegno artistico: ma tuttavia, quella vita ripugnandogli, ritiratosi a studiare in un' atmosfera di studi più seri e più gravi, nel 1853 intraprende un progetto di un' Istituzione Umanitaria a Londra e diviene promotore dell' *Emporio Italiano*. Voleva egli promuovere ed avvantaggiare colà le Arti, le Scienze, l' Industria e la Letteratura italiane, e quasi ottenuto l' intento, per causa della rivoluzione nelle Indie Inglesi fu d' uopo abbandonare questo progetto: il che portò grande rovina alla sua famiglia pel tempo perduto in esso e le grandi spese sopportate.

La Frammassoneria Inglese teneva d' occhio questo disinteressato umanitario e ne aveva in gran conto i pregi individuali. Insistè quindi perchè il Montemerli entrasse a far parte delle sue file, proposta che dapprima egli non voleva accettare per una specie di avversione alle società segrete, ma che poi accettò con piacere perchè un uomo onesto non può essere alieno da tutto quanto è buono e santo. Anzi studiò tanto e tanto si compiacque della Frammassoneria, che dopo pochi mesi (Nov. 1857) veniva promosso Maestro.

Da quel giorno egli ha sempre operato nello spirito e nel sentimento della sua società e non è mai venuto meno alla dignità conferitagli.

(1) V. Documento N● 16.

Frattanto era giunto il sospirato 1859. Scoppiata la guerra in Italia, accorse da Londra a Firenze, ove aveva annunziato di voler formare una legione di volontari con armi speciali e con cárabine a retrocarica da esso ridotte, colle quali si poteva tirare otto colpi al minuto. Ma le sue proposte vennero osteggiate dal generale Ulloa, nonostante l'appoggio del Principe Napoleone, che comandava il quinto corpo d'armata francese. Mancò pure il tempo a causa dell'inattesa pace conchiusa.

Avrebbe voluto almeno seguire Garibaldi nella spedizione in Sicilia, ma sopraffatto da una grave malattia d'occhi, dovè rimanere inoperoso in Pisa, con quanto dolore nell'anima non si può dire.

Così passarono alcuni anni, e nella prima Esposizione Nazionale in Firenze lo troviamo incaricato dell'Ispezione dell'ordine, e mediante la sua vigilanza e la disciplina da militare con cui organizzò e capitanò il personale di sorveglianza, non si ebbe in quell'Esposizione a registrare il minimo inconveniente.

Ma avendo bisogni di famiglia ed essendogli offerto un impiego nelle Ferrovie Meridionali, accettò con piacere e andò alla propria destinazione che fu Ancona. Ivi si trovò all'infierire del Colera nel 1865 e si procacciò le lodi entusiastiche di tutti i buoni e le benedizioni di ogni famiglia per gli immensi atti umanitari da lui compiuti. Formò una Commissione di soccorso che rese servigi segnalati e tanto si adoperò che il Municipio gli diede una medaglia d'argento con

diploma di benemerenza. È incredibile la fama in
che salì a quel tempo in Ancona il nome del
Montemerli: gli uomini più illustri facevano a
gara nel prodigargli in copia i propri ringraziamenti e nel porgergli i sensi della loro riconoscenza (1).

Era venuto il Maggio del 1866: Montemerli
si adopera per prestare i propri servigi nel Corpo
dei Volontari italiani: molti che conoscevano i
suoi meriti e le sue virtù militari lo raccoman-
dano vivamente, ma non potè trovare immediata
collocazione per una erronea massima che in
quella occasione si era adottata (2).

La moglie del Conte Montemerli da Parigi
andò a raggiungere Garibaldi nel Tirolo, e colle
figlie servì nell'Ospedale Maggiore di Brescia a
curare i feriti.

Il Generale Garibaldi, mostrando alla Contessa
dispiacenza di non vedere tra le sue file il Montemerli, lo fece invitare ad andare nel Tirolo:
egli accorse, ma fatalmente lo raggiunse a Bezecca
nell'ultimo fatto d'arme, e rimase al fianco
dell'eroe, nello stato maggiore, senza avere nè
grado nè retribuzione di sorta.

Nel 1867, avvenuta la morte di suo suocero
in Portogallo, interessi di famiglia lo obbligarono
a trasferirsi colà: poi nel 69 andò a Parigi, per
organizzare una Società Umanitaria, ma soprav-

---

(1) Ecco parecchie lettere: questa firmata da tutti gl'impiegati ferroviari resi-
    denti in Ancona. V. Documento N.° 18. Quest'altre pure sono importan-
    tissime: V. Documenti N.° 19 e 20.
(2) Riportiamo una lettera importante: V. Documento N.° 14.

venuti i fatti del 70, si trovò costretto a lasciare
i progetti ed incarnare subito in qualche opera
grande e degna di lui quei sentimenti gentili di
cui era piena l'anima sua.

Formò infatti una Commissione Italiana per
soccorso ai feriti, e poscia, Parigi investita, organizzò una Compagnia Umanitaria di tutti Italiani, forte di 250 uomini, la quale militarmente
condotta, rese servigi rimarchevoli durante tutto
l'assedio, certificato da documento prezioso sotto-
scritto da tutte le autorità militari della città
assediata, servigi che ebbero quella considerazione che meritavano: infatti il Governo Francese
lo insignì della croce della Legion d'Onore (1).

È splendido il resoconto (2) della famosa or-
dinanza colla quale si chiusero le gesta della
Compagnia Umanitaria. Tra i nomi dei donatori,
apparisce quello della famiglia Montemerli che
elargiva migliaia di lire. In quella circostanza la
Contessa Maria Montemerli, donna di magnanimo
sentire e di elevatissimo ingegno, degna sposa al
nostro Lorenzo, lesse uno straordinario discorso
che fece piangere tutti gli astanti.

Povera signora! dopo pochi mesi non si piangeva più all'udire le sue orazioni ispirate, a
leggere i suoi romanzi che correvano tutta la
Francia: si piangeva al triste annunzio della sua
morte! Povera signora!

Affranto dal dolore, il Conte Lorenzo rimase
a Parigi pochi anni dopo la morte della sua affe-

(1) V. Documento N. 22
(2) Stampato a Parigi 1871. *A. Parent*, *imprimeur de la Faculté de Médecine.*

zionata sposa; e trovò la forza di lavorare e di pensare tuttora al bene dell' umanità.

Riprese quindi la Società Umanitaria, ma fu osteggiato specialmente da coloro che in prima l' avevano incoraggiato e i nomi de' quali ci fu imposto di tacere. Lo si accusava di un gran misfatto: *risum teneatis amici:* era frammassone!!

È questo il solo appunto su cui trovino a ridire i malevoli nella vita di quest' uomo!

Nel 1874 partì quindi da Parigi e dopo essere stato in Inghilterra e nel Portogallo, recossi a Bologna in casa di una sua sorella.

In questa colta città si è messo a considerare seriamente i bisogni e l'indole del proprio paese e dopo lunghi e sereni studi ha concepito l' immenso progetto di *Patronato Universale al Lavoro.*

Ma gli si è levato d' intorno una serie di calunnie, di insinuazioni che avrebbero avvilito chiunque non avesse l' anima ferrea e nobile del Montemerli, che ride ai raggiri dei suoi persecutori e prega Iddio a perdonarli *perchè non sanno quello che si facciano* (1).

Ma l' ora è giunta in cui la giustizia deve brillare: oggi Umberto I, il nostro giovane e leale Monarca, ha stretto la mano al vecchio patriota e all' intemerato cittadino ed encomiandolo e incoraggiandolo pel suo splendido progetto, ha aggiunto queste testuali parole: *Io sono con voi.*

_____

(1) Contro le calunnie sparse a Bologna, leggasi la lettera del Prefetto Faraldo e la conclusione, spontaneamente rilasciata dai suoi amici residenti in Bologna , e dal Sindaco Tacconi. (V. Documenti N. 24 e 25).

Noi facciamo voti perchè quella stretta di
mano sia foriera al nostro amico Montemerli di un
più lieto avvenire, della considerazione e dell' appoggio di tutti gli onesti e della completa attuazione del progetto che tutti quanti debbono am-
mirare, perchè ispirato ai sentimenti più nobili
ed umanitari.

DOCUMENTI

Dagli Archivi Comunali della Città di Piombino

Documento N. 1.

Anno 1458. Fu eletto in questo anno per diritto di successione al reggimento dello Stato di Piombino, come Signore di detto Principato, Jacopo III, Appiani d'Aragona, nato da Emanuele Appiani e da donna Clelia d'Aragona, figlia naturale di Alfonso, Re di Napoli.

1472. Jacopo III, Appiani d'Aragona, si unì in matrimonio con donna Battistina Fiegoli, ed ebbe molti figli, cioè:

Jacopo Filippo, primogenito, successogli nella Signoria di Piombino dopo la di lui morte col titolo di Jacopo IV.

Gherardo conte di Montagna.

Semiramide, moglie di Lorenzo de' Medici.

Margherita, moglie del conte Montemerli.

Documento N. 2.

Fassi fede da Noi cavaliere Francesco Trieb, Colonnello comandante il 1.º Reggimento di Fanteria Toscana, qualmente che LORENZO MONTEMERLI sotto dì 30 Settembre 1833 fu per Sovrano Veneratissimo Rescritto ammesso al servizio militare, come Cadetto;

Che nel 20 Maggio 1837 venne Esso nominato Sottotenente in detto Reggimento, e che successivamente avendo umiliate preci a S. A. I. e R. per ottenere la dimissione dal servizio, questa gli fu accordata dalla prefata Imperiale e Reale Altezza Sua, sotto dì 20 Ottobre 1841.

Rilasciato il presente a richiesta dell'ex Sottotenente Montemerli suddetto.

Livorno dal Comando del 1.° Reggimento,
li 9 Agosto 1843.

Il Colonnello Comandante
firmato: TRIEB.

Visto per la legalizzazione della firma del sig. cav. Francesco Trieb, Colonnello comandante il 1.° Reggimento di Fanteria.

Dal General Comando Supremo,
li 10 Agosto 1843.

Il Generale Comandante
firmato: C. FORTINI.

Dal Giornale milanese *Pio IX*, N. 15, del 29 Aprile 1848.

Documento N. 3.

Dopo le cinque gloriose giornate del Marzo che segneranno nella storia l'epoca fortunata della indipendenza italiana, e quando gli Austriaci fuggiaschi ancora a poche miglia da Milano, si sentì tosto il bisogno di istruire quella gioventù, che aveva mostrato tanto valore alle barricate, nella difficile arte della guerra, affinchè potesse rendersi atta ad affrontar il nemico in aperta campagna, sia per scacciarlo interamente dall'Italia, unendosi al generoso esercito, comandato dal prode Carlo Alberto, sia per difendere i nostri confini, ogniqualvolta volesse tentare con sforzi straordinarii di riconquistare un paese che per l'Austria era fonte inesausta di ricchezze.

A tale santo scopo Lorenzo Montemerli, già ufficiale nelle truppe toscane, sino dal giorno 23 Marzo si offeriva generosamente di istruire i giovani volonterosi nel maneggio delle armi, senza verun compenso pecuniario, mosso soltanto da un caldo e vero amore di patria. Intanto si andava ordinando la guardia nazionale, e le due Legioni di Santa Maria della Passione e di Santa Babila si rivolsero ad esso per averlo ad istruttore. Egli vi aderì ben di buon grado, sempre colle mire le più disinteressate, e si pose tosto all'opera con tanto zelo ed attività da destare vera meraviglia. Nè le sue forze avrebbero certamente potuto reggere a tanta fatica, se non fossero state sostenute da quell'alto sentimento di amor patrio che vediamo continuamente operare i maggiori prodigi, e rende l'uomo superiore a se stesso.

Tutto questo però non sarebbe stato sufficiente se egli non avesse posseduto vaste cognizioni militari, ed una straordinaria attitudine all'insegnamento. Nè lieve potrà al certo reputarsi la bisogna assuntasi dal Montemerli, trattandosi di istruire non solo circa mille cinquecento guardie nazionali, ma di dover ammaestrare anche sotto-ufficiali ed ufficiali, i quali, meno pochissime eccezioni, erano tutti novelli all'arte militare. Ma egli tanto si adoperò, affaticandosi senza posa da mane a sera, che a quest'ora le due Legioni hanno di già non poco progredito nella istruzione, eseguendo con sufficiente precisione gli esercizii del soldato e del plotone, ed incominciando anche a manovrare per compagnie ed in battaglioni. Si aggiunga ancora che parecchi dei bassi ufficiali si trovano già in grado di ripetere l'istruzione ai soldati; e gli ufficiali di comandare le compagnie.

Sia pertanto dolce soddisfazione all'animo di sì distinto istruttore il trarre buon frutto dalle sue incessanti fatiche, e l'essersi acquistato l'affetto e la gratitudine che veramente gli professano le guardie nazionali delle due sovraindicate Legioni, che ebbero la buona sorte di poterlo avere a maestro. Ed a me gode l'animo di esprimere i miei proprii sentimenti, facendomi interprete di quelli dei miei compagni, e nel tributare, come per me si è potuto, le debite lodi al sapere, allo zelo ed al patriotismo di Lorenzo Montemerli.

Conte F. SANSEVERINO.

Dal Giornale *La Patria* di Firenze del Luglio 1848.

Documento N. 4.

Il nome di Lorenzo Montemerli è conosciuto in Toscana. Una recente generosa azione mostra che non ha dimenticato la sua terra natìa, ma che la ricorda invece con grande affetto. Imprese il Montemerli nell'adolescenza la carriera militare; ma se ne stancò, e se ne sdegnò, poichè in quei tempi, la carriera militare non era se non che ozio di caserma, e corruzione di città. Il suo genio vivace e venturoso lo trasportò sul teatro, ove acquistò nome illustre nell'arte del canto. Le cinque immortali giornate lo trovarono in Milano, e lo restituirono alle armi, quando la spada non era più una vana insegna che si cingesse per pompa, ma strumento d'indipendenza e di libertà: ora è in Milano, Ufficiale superiore della Guardia Nazionale lombarda.

Come Italiano e come Toscano, gemè del disastro delle armi nostre a Curtatone, alle Grazie, e a Montanara, ma fu altero del redivivo valore dei nepoti del Ferruccio. Però all'anima bennata corse il pensiero delle desolate famiglie, alle quali la perdita dei loro carissimi sarebbe aggravata dalle angoscie della miseria, e Toscano in terra Lombarda, felicemente tentò gli effetti della fratellanza di tutti i popoli italiani. Aprì una soscrizione in Milano, in pro delle famiglie dei volontari rimaste orbe e bisognose pel fatto del 29 Maggio, e ne raccolse a quest'ora 20,000 lire, che cresceranno del prodotto di altre liste non anco ritirate, e di un Concerto musicale, che allo stesso santissimo fine, per sua cura, si dava in questi giorni a Milano.

Egli ha nominato tre Toscani a formare una Commissione e tre desidera siano eletti dalle Comuni, perchè insieme distribuiscano con equità e imparzialità i sollievi alle famiglie che ne abbiano veramente diritto, e per suo mezzo, ne rendano poi conto ai generosi donatori Lombardi.

Queste cose abbiamo voluto pubblicare, perchè il nome del Montemerli sia onorato in Toscana, con quella gratitudine che me e perchè la notizia di questo nuovo segno di amore, che riceviamo dai fratelli Lombardi, stringa più saldamente quei nodi, che avvinceranno in perpetua concordia i popoli italiani.

CELESTINO BIANCHI.

Documento N. 5.

N. 1155 G. C.

ITALIA LIBERA.   W. PIO IX.

STATO MAGGIORE GENERALE

IL GENERALE COMANDANTE

Milano, il 21 Maggio 1848.

Brave Guardie Nazionali! Mi felicito con Voi in nome anche del Governo Centrale Provvisorio pel progresso che nel breve giro di un mese avete fatto nella istruzione militare. Nelle evoluzioni di che una frazione dell' eletto vostro Corpo ha dato saggio quest' oggi, sorpassò l' aspettazione degli alti Magistrati, del Tenente Generale Ispettore, del mio Stato Maggiore Generale e di una moltitudine di Cittadini plaudenti. Le altre Compagnie mosse da nobile emulazione non tarderanno ad imitare il vostro esempio in questo ramo di pratico esercizio, che vi procaccerà, al pari della disciplina, ammirazione e lode.

Il vostro Istruttore signor Montemerli è degno del maggiore elogio.

Il Generale Comandante in Capo
LECHI.

Il Capo dello Stato Maggiore
JACOPETTI, Colonnello.

Dal Giornale *La Politica per il popolo* di
Milano, N.° 38, del 13 Luglio 1848.

Documento N. 6.

Un cittadino degno di riconoscenza è quest' uomo che va
chiamato senz' altro il primo tra quanti portano il berretto
della Guardia Nazionale. Egli espertissimo essendo nel maneggio delle armi e delle militari manovre, non appena vide
l' Italia incamminarsi alla libertà, ben sapendo che questa nè
si acquista nè si mantiene se non colle armi, pose ogni suo
potere nell' istruire la Guardia Nazionale. Non ambizione lo
movea, non interesse; ma solo, ma vero patriottismo. Sui bei
primi giorni che seguirono la rivoluzione, egli alzò un grido
generoso, e chiamò intorno a sè l' ardente gioventù milanese,
e cominciò per lei la scuola più utile dei tempi. Con una in-
faticabilità inarrivabile, egli passò di quartiere in quartiere
della città, amministrando gratuitamente la sua istruzione alle
varie Compagnie della Guardia Nazionale; con una pazienza
degna di chi ama la patria, s' adoperò ad addestrare anche i
meno atti; con una costanza tutta militare, si assoggettò a
fatiche continue e gravi, per rendere la nostra milizia interna
degna della confidenza della Patria, e dell' ammirazione degli
stranieri.

S' accorse però l' egregio Ufficiale, che non bastava in-
segnarci il maneggio delle armi, che non bastava innamorarci
del fucile e della manovra, colle naturali attrattive di queste
occupazioni; bisognava gettare le basi di una istituzione che
rendesse il paese guerriero, educandone i fanciulli alle arti
guerresche; e in men che non si disse il Battaglione dell'Adolescenza ci fu sfilato dinanzi, forza e decoro della seguente
generazione. Se ai cittadini fosse mancato l' ardore per favo-
rire questa bella istituzione, egli vi provvide colle sedute militari. Insomma il Montemerli rese alla Patria l' immenso servizio di assuefarla alle armi; servizio inapprezzabile per un
paese che risorse a libertà dopo tanto tempo di schiavitù.

Perchè mai però io gettai qui queste parole sul conto di
quell' ottimo Italiano?

Per additarlo al popolo come un uomo che gli vuol bene
e gli fa bene, come un uomo che coopera a tradurre le nostre
speranze in realtà. Per insegnare al popolo a pronunziarne il
nome, perchè mi seppe male più d'una volta di sentirlo stor-
piato sulla bocca di qualche donnicciuola; se non altro per
fare un voto, ch'egli venga dalla Patria rimeritato con quel
premio che gli sarà d'ogni altro più caro, la gratitudine, e a
lui la mostri coll'accorrere alla sua scuola d'armi, approfit-
tare della sua instancabilità, del suo buon volere, emularlo
nell'amore del ferro, su cui è scritta la parola: LIBERTÀ.

Dalla *Gazzetta di Milano*, N.° 99, del 29
Giugno 1848.

Documento N. 7. (1)

Fu caso e avventura nostra che allo scoppiare degli avvenimenti del 18 Marzo, di memoria non peritura nei fasti
delle glorie italiane, Lorenzo Montemerli, toscano, si trovasse
in Milano. — Uomo di caldo e fiorito ingegno, fremente anch'esso per la redenzione del comun paese, afferrò l'occasione,
e benchè propriamente in quel torno lo richiamassero altrove
i fatti suoi, mutò consiglio, e noi sappiamogli grado.

Non appena colla luce del 22 Marzo per la prima volta
dopo 34 anni di lagrime e di servaggio questa città sentì il
tripudio e l'orgoglio di essere fatta libera, e i numerosi suoi
combattenti delle barricate accorsero in folla al ruolo dei militi nazionali, il generoso Montemerli offerse loro l'opera sua
di istruzione; unico allora che lo potesse, compresa la neces-
sità di moderare e dirigere colla tecnica quella prepotente
scintilla di guerra, che sorta come fulmine nei cuori dei giovani Lombardi, ha fatto ecclissare le prodezze dei loro padri
di Legnano.

La proposta fu accolta e accarezzata, nè gli mancarono
lusinghiere parole di elogio e di promesse; e dacchè non era
possibile istruire di conserva tutti i militi della città, oltre
alcune Legioni a cui si era specialmente dedicato, diresse

(1) Vedi nota in fine.

ai capi di tutte le altre un indirizzo, per il quale, organizzando egli un corso di lezioni, potessero man mano propagare l'istruzione ai singoli corpi, e così lo coadiuvassero in quella benemerita ed acclamata impresa.

Tutti sanno con qual cuore, con qual vivo interessamento egli vi si accingesse. Divenne esclusiva occupazione in lui, nè fu veduto mai tanto giulivo di allorachè i suoi volonterosi allievi sapevano destramente assecondare il suo voto, la sua impazienza. — La semente caduta su terreno fecondo produsse copiosi frutti, e nel poco intervallo di un mese giunse ad ottenere quei risultati soltanto credibili a chi venne testimonio dei brillantissimi saggi da lui dati nel giorno 21 e 23 dello scorso Maggio, sulla Piazza delle Armi. — Quei due giorni coronarono appieno le sue fatiche, e gli applausi pioventi d'ogni parte dell'ammirata popolazione e da chi aveva tacciato di cerretanismo il suo proposito, valsero al magnanimo suo cuore la più lauta e la più grata mercede.

In seguito, le prodi file Piemontesi lasciarono a noi altri moltissimi istruttori, assoldati dal nostro Governo, più o meno abili, più o meno guidati da spirito patrio; ma, lode al vero, e in questo e in quello nessuno superiore al Montemerli, a schietta confessione di loro medesimi, che meravigliati alle evoluzioni di quelle due giornate, mal comprendevano come sì brevemente si potesse tanto raggiungere. — E lo provarono col fatto che nessuno di essi con maggior agio di tempo, seppe condurre le schiere all'agone segnato dall'inarrivabile Toscano !

Compita la prima opera, e convinto che a formare gli eroi val più una progressiva e preparata educazione, che non l'impeto di un entusiasmo momentaneo, instituì una scuola stabile di educazione militare, per la quale istruendo gli adolescenti al maneggio delle armi e alle mosse del campo, senza punto compromettere il regolare andamento di altri studii, usciscero sotto gli auspici suoi cittadini, non solo forti nelle scienze e nelle arti, ma eziandio prodi nelle armi, e con quelle idee marziali convenienti ad uomini a cui viene affidata la guarentigia e la gloria dell'Italia tutta pei futuri destini che le si preparano. — A più agevole mezzo di ciò, e solle-

citato dal Governo stesso, affidò alle stampe un corso teorico
d' istruzione militare che fac:litasse così il mezzo ad altri di
istruire, come l' apprendimento istantaneo a' suoi allievi.

Ottenuto il beneficio, parve bastasse alle autorità e che
altro legame non le vincolasse più al Montemerli. — Lo ob-
bliarono, e tutti i favori, tutte le protezioni rimasero da quel-
l' ora prenotate a vantaggio dei Piemontesi, che vennero o
che devono venire. — Se il signor Lorenzo Montemerli fosse
capitato dal nord dell' Italia e non dal centro, avrebbero ben
saputo proclamare i suoi meriti e trovare una conveniente
mercede di onore e di carica da retribuire al molto che ha
fatto per noi. Ma per parte del Governo a lui non rimas-
sero che gli elogi, e quel grado di capitano delle Guardie Nazionali, che il fatto, il voto dei militi e della popolazione gli
ebbero già offerto, venne sottratto a lui e concesso a un
Torinese.

Io non so se Montemerli se ne sia curato della ingiuria,
benchè anco gli uomini di nobile sentimento, mentre sanno
disprezzare i favori, sentono tutta l' amarezza della ingratitu-
dine. So però che questa fu offesa non tanto a lui quanto
alla Guardia Nazionale che lo prescegliava ad ogni altro, e
al popolo tutto che sempre plaudente e coscienzioso delle opere
sue gli aveva consacrato la simpatia e l' amore; del popolo
che quando trattasi di pesare il merito o demerito di un in-
dividuo è meglio giudice assai di quei che sortano dai con-
sessi diplomatici; nè bada troppo se l' uomo esca dalla provincia toscana o dalla piemontese. Se questa consorella provincia d' Italia ha indelebili titoli alla nostra affezione, alla
nostra deferenza per esse, ciò non deve essere mai a scapito
della giustizia. La riconoscenza è un dovere nell' uomo, ma se
le espressioni di omaggio e gratitudine non hanno limiti, ol-
trecchè indica debolezza e cortigianeria, indecorosa per en-
trambi i paesi, può eziandio essere causa di malcontento e di
dissidii: e l' aver messo un Piemontese al posto in cui era a
tutta ragione collocato il Montemerli, se altrimenti poteva essere un giusto riguardo al di lui paese, in tal caso è una
evidente e odiosa ingiustizia chiara a tutti, additata da tutti,
e quind un fatto che può tornare a disistima de' suoi autori.

Il Montemerli quand' anche non avesse dato tante prove di amore e di sacrificio a Milano e offerto nei giorni 22 e 23 così mirabile saggio di abilità, avrebbe pure in confronto degli istruttori Piemontesi il merito di averli prevenuti e di essersì presentato con animo schivo da qualsia mercede (però che i suoi fatti derivino sempre da più nobile e più elevata mira che non sia l' obolo) e quindi a rimuoverlo dal posto in cui già si trovava confermato dal voto di tutti, era d' uopo di una causa che lo demeritasse, o per lo meno dell' acquisto di altro uomo che lo avesse saputo vincere e in meriti e in sacrificii. — Nè con ciò io vorrei menomamente adombrare qualsiasi merito che possa avere il Piemontese preferito, la quale non è colpa se i favori a lui accordati facciano onta ad altri.

Forse taluno potrebbe opporre che Lorenzo Montemerli è straniero alle provincie Lombardo-Sarde: ma questa esclusione ora io non la credo troppo opportuna dacchè trattasi di uomini d' Italia, che non risparmiando servigi e sacrificii per essa, mostrano essi stessi con ciò di considerarsi cittadini d' Italia, piuttostochè di una Provincia o Municipio particolare. — Mentre che noi gridiamo fratellanza e unione italiana, diamo a vedere di non comprendere di fatto questa sublime compagine, e tuttogiorno eventi d' ogni foggia additano la lotta delle parole col fatto. — E se ciò fosse, il Montemerli non era cittadino di Toscana anche quando ci offrì tutto se stesso nei momenti di maggior bisogno ? Noi l' accettammo, e tenemmo calcolo dell' opera sua, perchè allora era preziosa, non indagando punto se fosse Toscano, Napolitano o Romano, più che Sardo o Lombardo. E allora finchè trattasi di trar vantaggio di lui lo avressimo concittadino, straniero poi quando dovremmo essergli grati e rimunerarlo.

Forse invece si teme che l' uomo leale, istruito e di fervido ingegno, eserciti troppa influenza sulla mente e sul cuore di questa gioventù lombarda, la quale tende già troppo per se stessa a sbrigliarsi, e gelosa nel difendere le guarentigie della libertà che ha comperato col sangue, mal si adatta a lasciarsi ingroppare di bel nuovo un giogo tuttochè indigeno e compaesano. — Ma non è a temere di lui. — Egli ripugnava da qualunque immatura decisione politica, e piuttostochè mettere in campo la sconvenienza o convenienza di una data forma di reggimento, avrebbe voluto che tutti accorressero veloci alla pugna coll'entusiasmo delle cinque giornate: il quale se tutti l'avessero compreso, e se quei del potere avessero potuto e saputo prevalersene, non è stranezza l'asserire che i barbari a quest'ora sarebbero oltr'Alpi, e che rifatte le forze nel nostro rilento, non avrebbero potuto ammassare nuove miriadi di croati che piombarono man mano a sostenere l'agonia del despota di Vienna. — La sua fede politica è la fratellanza, non delle parole, ma del cuore, è l'amore all'Italia, e fu udito non una volta interporre le sue autorevoli parole a conciliazione di principii per muovere gli animi di conserva al precipuo e santo scopo della Indipendenza.

Sia comunque, il popolo quando è libero meglio si lascia guidare dal senno e dalla giustizia. — Nel potere sta il monopolio dei titoli o degli onori, a lui invece il giudicare, a lui il tribunale della opinione. L'istruttore della Civica di Milano, il padre del Battaglione delle Speranze è rimeritato d'amore e venerazione da tutti, e il Montemerli cammina colla fronte alta, sicuro delle sue azioni e del nobile suo disinteresse. I suoi allievi, altamente protestando all'ingiustizia mal si piegano a seguire il di lui emulo capitano, le di cui file disertando ogni giorno ritornano alla vecchia scuola, proclamando così che nei liberi paesi non è possibile modulare negli animi la simpatia e la stima.

Documento N. 8.

NOI LEOPOLDO SECONDO

PER GRAZIA DI DIO GRAN DUCA DI TOSCANA ECC. ECC.

Considerando che l'operosità e lo zelo di vera e sentita carità cittadina spiegato in Milano da Lorenzo Montemerli a vantaggio delle famiglie dei prodi toscani morti gloriosamente a Curtatone e a Montanara meritava un attestato onorevole della Sovrana Nostra soddisfazione.

Sulla proposta del Nostro Ministro Segretario di Stato per il Dipartimento dell'Interno.

Abbiamo decretato e decretiamo quanto appresso:

1.º È nominato Lorenzo Montemerli Capitano Onorario della milizia cittadina da rimanere addetto allo Stato Maggiore della milizia stessa in Firenze.

2.º Il nostro Ministro Segretario di Stato per il Dipartimento dell'Interno è incaricato della esecuzione del presente Decreto-

Dato in Firenze li 21 Agosto 1848.

C. LEOPOLDO

Il Ministro Segretario di Stato pel Dipartimento dell'Interno
Copia: D. SAMMINIATELLI.

Concorda Coll' Originale
E. MAGLIERICCI.

~~~~~~~~~~~~~

Documento N. 9.

In omaggio alla verità, attesto io sottoscritto che al sig. capitano Lorenzo Montemerli nel giorno 27 Agosto 1848, attesa l'assenza dei componenti lo Stato Maggiore, ed a causa del movimento popolare volevasi affidargli il Comando della Guardia Civica, ma egli non volle accettarlo per sentimento di delicatezza, non ostante che nel dì 25 avesse dato, di concerto con me sotto-scritto, tutte le disposizioni militari che esigevano in quei momenti difficili, e nel 26, fosse andato in missione a Firenze.

Attesto in oltre che il detto Sig. Montemerli si è comportato da buono ed onesto cittadino.

MICHELE D'ANGIOLO
Gonfaloniere provvisorio

Dal Palazzo Comunitativo
Livorno, li 31 Agosto 1848.

~~~~~~~~~~~~~

Documento N. 10.

Stimatissimo Sig. Capitano

Per i tempi che corrono, mi reca dolore, ma non sorpresa, che i molti servizi da Lei resi alla causa italiana durante il suo soggiorno in Lombardia, sieno non apprezzati quanto lo meritano.

. Io sono ben contento di poter dichiarare di faccia a tutta Italia, che nel tempo in cui avevo l'onore di rappresentare il Governo Toscano presso il Governo provvisorio di Milano, era universale l'opinione in quella città, che rendeva giustizia ai molti servizi resi da Lei all'organizzazione della Guardia Civica. Io ebbi più volte l'occasione di assistere alle sue militari esercitazioni in Milano e sempre mi fu motivo di grande compiacenza il vedere come Ella faceva grande onore al nome Toscano.

E prova solenne di questi sentimenti dell'intera città di Milano, a suo favore, ne avemmo noi toscani, colla copiosa colletta fatta in Lombardia per le famiglie dei morti nella guerra italiana e che era raccolta con tanto zelo da V. S.

Si consoli sig. Capitano, nella speranza, che la verità sola potrà alla fine regolare le sorti degli stati, come quelle degli individui, perlochè onore e giustizia sarà resa alla fine ai suoi servizi alla Patria e alla sua capacità nell'arte militare.

Mi creda con rispetto e stima

Dev. Servo
C. MATTEUCCI.

Pisa 2 Dicembre 1848.

Documento N. 11.

COMITATO DI PUBBLICA DIFESA

Al Capitano LORENZO MONTEMERLI,

Milano, 1° Agosto 1878.

Lo s'incarica, sig. Capitano, di trasferirsi in Lecco e quivi assumere il Comando d'una colonna d'uomini la quale sarà quanto prima levata e armata a cura di quel Comitato Distrettuale di armamento, organizzazione e mobilizzazione della Guardia Nazionale.

Essa colonna è destinata dapprima ad appoggiare e proteggere le operazioni di difesa che si vanno facendo lungo il corso dell'Adda e dappoi a concorrere all'effettiva difesa della linea del Fiume.

A Lei, sig. Capitano, è pure affidato il Comando delle Guardie Nazionali levate in massa col Decreto d'oggi che si porteranno sulla linea dell'Adda compresa nel Circondario del Comitato di Lecco.

Ella quindi, sig. Capitano, si metterà d'accordo cogli Ingegneri dirigenti le accennate operazioni e poscia in caso di attacco dovrà mettersi alle dipendenze della Superiorità Militare da cui sarà la difesa regolata.

Copia: RESTELLI.
Copia: FANTI.

Firenze, il 12 Giugno 1866.

Il presente documento rilasciato dal Comitato di difesa di Milano, il 1° Agosto 1848, al sig. Capitano Lorenzo Montemerli, dimostra quale fosse l'opinione de' suoi Membri che lo rilasciarono, intorno alle doti di esso Capitano Montemerli, nè io saprei aggiungere sillaba che valesse a meglio dimostrare le mie persuasioni.

AVV. FRAN. RESTELLI.

Documento N. 12.

GOVERNO PROVVISORIO TOSCANO

MINISTERO DELLA GUERRA

Con Decreto del dì ventisei Febbraio milleottocentoquarantanove, Ella è stato nominato Capitano Soprannumero nelle Truppe di Linea.

E perchè venga riconosciuto in tal qualità le viene rilasciata la presente partecipazione.

Dal Ministero della Guerra.

Li 26 Febbraio 1849.

Per il Ministro Segretario di Stato pel Dipartimento della Guerra
MORDINI.

Il Maggiore, Uffziale al 2.º Dipartimento
L. SERRESI.

Sig. Lorenzo Montemerli.

~~~~~~~~~~

Documento N. 13.

IL GOVERNO PROVVISORIO TOSCANO

Considerando quale incremento di forza può aversi nelle volontarie milizie, ove siano assoggettate ad una regolare organizzazione,

Sulla proposizione del Ministro Segretario di Stato pel Dipartimento della Guerra,

Sentito il Consiglio dei Ministri,

Decreta:

Art. 1.º È istituita una Commissione per la organizzazione dei Militi volontari.

Art. 2.º Questa Commissione è composta come appresso:

Presidente: 1.º Montemerli Lorenzo
2.º Balzani Pietro
3.º Pekliner Domizio
4.º Del Monte Monaldo
5.º Martini Carlo Ten. in ritiro
6.º Romanelli Pasquale
7.º Carpantier Vincenzo
8.º Pellis Giuseppe.

Art. 3.º Saranno Segretari di questa Commissione: Rigaccini Raffaello e Nesi Augusto, ricevendo quegli come primo Segretario il mensile stipendio di scudi venti, questi come secondo Segretario il mensile stipendio di scudi diciotto.

Il Ministro Segretario di Stato pel Dipartimento della Guerra è incaricato dell'esecuzione del presente Decreto.

Dato in Firenze questo dì venticinque febbraio milleottocentoquarantanove.

Il Presidente del Governo Provvisorio Toscano
C. MONTANELLI.

Per il Ministro della Guerra:
Il Ministro degli Affari Esteri
A. MORDINI.

Concorda con l'originale ecc.
L. SERRESI.

Sig. Capitano **Montemerli.**

~~~~~~~~~

Documento N. 14.

Mio caro MONTEMERLI.

Dopo la pace di Villafranca che pose fine alla guerra nazionale, devi compiacerti di non aver potuto condurre ad effetto il tuo pensiero di ordinare una Legione di Volontari. L'Italia peraltro deve esser grata al tuo patriottismo, che ti fece abbandonare a Londra famiglia ed interessi, appena udisti che si riprendeva la grande impresa. Nè meno era da aspettarsi da te che nel 1848 dasti prova non dubbia di operosità disinteressata per la causa nazionale. Io ho sempre a mente la tua leale condotta nell'Aprile del 1849 a Firenze, quando colla tua autorità militare e colla tua intrepidezza, valesti ad impedire che la città si macchiasse di sangue e la ristaurazione si inaugurasse con la guerra civile. Come testimone di vista delle cose da te operate in quel giorno, godo di fartene anch'oggi speciale attestazione, non fosse altro per confortarti dei disinganni e dei sacrifizi senza compenso.

Consentimi frattanto di professarmi

Firenze, 22 Agosto 1859.

Tuo amico aff.mo
MARCO TABARRINI.

Documento N. 15.

Pregiatissimo amico,

In questi giorni essendoci combinati in piazza della Signoria tu mi ricercasti, quale giudizio avessi potuto fare di te, e mi chiedesti di riferirtelo in iscritto. A dir vero una tale domanda mi parve un po' singolare; ma ella era sicuramente onesta, e tanto basta, perchè io mi tenga in dovere di soddisfarti senza indagare la ragione.

La nostra conoscenza conta, si può dire, due tempi distinti, l'uno risale a 20 anni indietro, l'altro al 1849. Nel primo io mi trovava per ragione d'impiego a Portoferraio, e avendo contratto vincoli di amicizia colla tua famiglia, e in ispecial modo coll'onoratissimo tuo padre, da che venne colà Comandante di quella Piazza, non potei non avere eguali rapporti anche con te, onde mi restò facile scrutarti in tutta la verità dell'essere tuo.

Per altro dopo circa due anni la nostra relazione rimase interrotta, poichè non potendo tu tollerare un torto fatto allo stesso tuo padre, desti la dimissione dal grado e ufficio di Tenente, che avevi nelle Truppe Toscane, lasciasti l'isola dell'Elba, e io ti persi allora di vista.

Fu il 1849 che ci fece di nuovo incontrare. In quel tempo io cuopriva un posto di Segretario nel Ministero dell'Interno, e tu fosti investito del grado di Capitano nella Milizia regolare, e incaricato della organizzazione di un Reggimento di Volontari in Firenze; e ricordo anzi benissimo, che fu per la tua prudenza e per la influenza, che avevi saputo procacciarti su questi Volontari, che i medesimi riuscirono affatto inoffensivi negli avvenimenti di quel tempo.

Ma anche questa volta i nostri rapporti furono di corta durata. Seguìta di lì a poco la occupazione della Toscana per parte delle Truppe Austriache, tu non tardasti a dimetterti dal suddetto grado e ufficio di Capitano, e a lasciare la Patria, recandoti all'Estero.

Io non so come altri abbia giudicato queste due dimissioni. Quanto a me ho deplorato nell'interesse del Paese l'una e l'altra, e penso, che in quel tempo e relativamente in ispecie alla seconda non fossi solo a lamentarla, visto la tua parti-

colare attitudine a una organizzazione militare; ma le ho trovate
conformi al tuo carattere e ai tuoi principî, avendoti sempre
riscontrato uomo di animo apertissimo, di squisita educazione,
di sensi nobili e generosi, aborrente dalle prepotenze e dalle
ingiustizie, amatore caldissimo di tutto che è grande e utile
alla umanità, e a dirlo in breve, uomo di ordine nel senso più
elevato e generale della parola.

Certamente non ti ho detto una cosa nuova. Così espri-
mendomi, come ho inteso rispondere alla tua domanda, ho
del pari creduto associare il mio al giudizio di quanti ti cono-
scono, restandomi solo a soggiungere un voto, quello che più
non si tardi a utilizzare la opera tua in pro del Paese.

Credimi sempre

Li 14 Febbraio 1862.

Il tuo aff.mo amico

A. ALLEGRETTI.

Sig. Conte **Lorenzo Montemerli**
Firenze.

Documento N. 16.

IL COMMISSARIO STRAORDINARIO

PER SUA ALTEZZA IMPERIALE E REALE

LEOPOLDO SECONDO

GRANDUCA DI TOSCANA ECC.

Ha decretato e decreta:

A Lorenzo Montemerli è concessa la dimissione domandata
dal posto di Capitano soprannumerario delle Truppe di Linea.

L'Incaricato del portafoglio del Ministero della Guerra
provvederà all'esecuzione del presente Decreto.

Dato in Firenze li sette Maggio milleottocentoquarantanove.

Copia: L. SERRISTORI.

L' Incaricato del Portafoglio del Ministero della Guerra
Copia: G. BELLUOMINI.

Concorda all'originale ed in fede ecc.

Copia: L. SERRESI.

Documento N. 17

Io sottoscritto testifico che il sig. Lorenzo Montemerli nel decorso mese di Maggio si è recato e trattenuto in Firenze per adoperarsi con ogni cura nel generoso scopo di prestar servizio nel corpo dei volontari italiani per la guerra della indipendenza. Testifico anche di averlo vivamente raccomandato al Luogotenente General Biscaretti, presidente della Commissione organizzatrice di quel Corpo per le attitudini e le cognizioni militari che io conosceva in lui grandemente idonee al chiesto servizio, nel quale bensì non ha potuto trovare immediata collocazione, per essere stata adottata la massima di doversi preferire coloro che già avessero appartenuto al Corpo dei volontari nella campagna del 1860.

E. RUBIERI
Deputato al Parlamento.

Documento N. 18.

Pregiatissimo Sig. Conte

Non per farvi un' adulazione da cui l' animo vostro nobilissimo abborre, sibbene per dimostrarvi la più sentita gratitudine per quanto vi piacque di operare in nostro vantaggio durante il morbo che ha desolato la povera Ancona, noi sottoscritti v' indirizziamo queste righe di memoria e di affetto.

I nostri cuori giammai potranno cancellare la ricordanza impressavi dalla vostra filantropia ed abnegazione. Voi foste largo di salutari consigli con chi vinto dalla paura correva incontro a quasi certa morte. Voi prescriveste norme igieniche mediante le quali si poteva uscire immuni da un tanto morbo. E Voi in fine apportaste anche pecuniari soccorsi a taluni, cui non bastava il giornaliero emolumento a sopperire alle spese che abbisognavano, non lievi per la cura di qualche loro caro caduto infermo, e fors' anco di se medesimi.

Ed ora che il libro dei dolori sembra chiuso per noi, ora

che il nostro spirito si è ricomposto a tranquillità, il primo pensiero è stato quello di indirizzare una parola di gratitudine a chi onorandoci e come amico e come collega, seppe perfino dimenticare la propria famiglia, per darsi a lenire i dolori, e ad asciugare le lagrime dei bersagliati dall'immane flagello.

Accettatela adunque di buon grado, e siate certo che dessa parte dal cuor di chi vi sarà sempre riconoscente.

Ancona, 13 Settembre 1866.

Gli Impiegati delle Ferrovie Meridionali residenti in Ancona.

Seguono 45 firme.

~~~~~~~~~~

Documento N. 19.

Torrette, 21 Agosto 1865.

Carissimo Amico e Fratello.

Veramente grata mi è riuscita la cara tua lettera per le espressioni affettuose che tu adoperi a mio riguardo e di tutta la mia famiglia.

Quelle poche volte che mi sono recato in Ancona non ho mai avuto il piacere d'incontrarmi con te per stringerti la mano, e per congratularmi teco del bene che fai con ispirito veramente filantropico; che Iddio ti compensi del ben fatto, ma non t'illudere che ciò possa venirti dagli uomini *alias* come tu dici baron fo..... Seguita il tuo cammino, e non ti curar di lor, ma guarda e passa. Se tu fossi venuto qui alle Torrette saresti stato ricevuto in quello stesso modo che son ricevuti gli amici che vengono a vedermi, e ti saresti anche persuaso che non hai bisogno di disinfettare i tuoi baffi per venire qui alle Torrette per la ragione che se tu scrivi come dici dalla *valle di lagrime*, anche questa parte di terra ove trovasi il mio casino forma parte integrale di questa valle.

Che anzi da quattro giorni a questa parte siamo in una recrudescenza niente indifferente; non certo per menar vanto, ma solo perchè tu mio amico sappia come sono le cose, ti dirò che mi adopero a tutt'uomo perchè la Società V. E. nostra emanazione, rechi i suoi benefici influssi anche su questi poveri abitanti, e t'accerto che ritrovo molto più soddisfazione ad aver che fare con questi buoni campagnoli, di quello che se avessi a fare con quella gente, colla quale hai a combattere. Per dartene una prova, ti dirò che ieri uno di questi tali beneficati, si credè in dovere di riportarmi i boni della carne del pane e del vino, per la ragione che essendo guarita la moglie non credeva d'usufruirne più oltre. Raro esempio, che meriterebbe se ne parlasse sul *Corriere delle marche*. Del resto speriamo che presto cessi questo morbo terribile.

Accetta i saluti di mia moglie, presenta i miei complimenti alla tua famiglia, e credimi tuo aff.mo amico

A. MALACARI.

<div align="center">~~~~~~~~~</div>

Documento N. 20.

Ancona 4 Ottobre 1865.

Preg. Montemerli.

Aderendo ben volontieri al vostro desiderio di richiamare alla memoria alcune circostanze dei tristi passati tempi, quando il colera invase questa città, posso confermarvi in ordine alle precisate richieste, che voi foste uno fra quei generosi, che mi offrirono disinteressatamente l'opera loro in tutto ciò, che di utile li avessi reputati.

Che secondando il mio desiderio di essere aggiornato degli inconvenienti, e consigliato ad ogni bene applicabile, spesso mi favoriste a tale scopo; e nella stessa intenzione foste primo ad insistere per il sotterramento dei letamai al piano di s. Lazzaro, facilitandone il compito per mezzo del sig. ingegnere Pineroli, che ne portò a fine l'incarico. Che alla fine di Luglio mi esternaste la idea di volere formare una Commissione di pubblico soccorso per raccogliere e somministrare sussidi ai danneggiati, con dichiarazione, di non far conto del mio nome per sola ragione della carica da me rappresentata, fu poi in seguito, che ad ovviare ogni inconveniente, si stabiliva di appropriare alla Commissione in discorso, la carità per gli Orfani e Vedove, onde non duplicare quanto intendevano il municipio e la società Vittorio Emanuele.

Per questi ottimi intendimenti e giudiziose disposizioni, la nostra città nel massimo lutto trovò pure grandi conforti.

Approfitto di questa occasione per rinnovarvi i miei ringraziamenti, ed ho il piacere di confermarmi

Vostro Affezionatissimo
M. FAZIOLI.

<hr />

Documento N. 21.

Carissimo amico e fratello.

Esaurito il nostro mandato, la cura cioè de' colerosi, e l'impianto di un iazzaretto, che il Municipio d'Ancona volle affidarci, permetteteci caro conte che noi pieni di riconoscenza vi mandiamo vivi ringraziamenti, ed un saluto di cuore per l'instancabile vostra operosità, per i soccorsi prodigati, per la vostra rara filantropia a benefizio e sollievo di questi infelici colti dal fatal morbo. Il coraggio con cui più fiate ci voleste essere compagno al letto de' colerosi, il sovvenire di cure, di consigli e di denaro tanti che giacevano nella miseria, vi rendono ammirando, e il vostro nome viene spesso ripetuto con tenerezza ed amore.

Noi interpreti di questi abitanti vi mandiamo a loro nome un saluto affettuoso e i più vivi riconoscimenti. Abbiatevi pure i nostri, caro Montemerli, e siate certo che imperitura sarà in noi la vostra memoria e instancabile la nostra operosità nell'additarvi a tutti i buoni, perchè ne abbiate quel premio dagli onesti meritato, la lode cioè di coloro che comprendono ed amano.

Dall' Ospedale delle Torrette, 13 Settembre 1865

Vostri Aff.mi Amici e Fratelli
Dott. MAS. RINALDI.
Dott. FEBO BURLAZZI.

Documento N. 22.

A tous les Membres de la Commission italienne de secours aux blessés, et de la Compagnie humanitaire italienne.

ARMÈE DE LA DÉFENSE NATIONALE.

Les Membres de la Commission italienne de Secours aux blessés, et de la Compagnie humanitaire de la même nation, présidés et commandés par le Comte LORENZO MONTEMERLI, ont bien mérité de l'armée francaise, par le dévouement et le désintéressement dont ils ont fait preuve, *en relevant les blessès* sur les champs de bataille, et en les soignant dans leur Ambulance, établie rue Taitbout, 24 dans d'excellentes conditions.

Paris, le 7 fèvrier 1871.

LARREY, Inspecteur, médecin en chef de l'armée. — A. NOEL, général de brigate, commandant supérieur du Mont-Valérien. — S. DE MAUDHUY, général de division, commandant la 2e division, rive gauche, 3e armée. — DUCROT, général, commandant en chef. — WOLF, intendant général. — J. VINOY, général, commandant l'armée de Paris. — BEAUFORT, général, commandant la 3e division de la 3e armée. — CORREARD, général de division, commandant la 1e division du 3e] corps d'armée. — TROCHU, gouverneur de Paris.

Documento N. 23.

Paris, le 1 mars 187.

A M. le Comte de Montemerli Président de la Commission Italienne de secours aux Blessés.

Mon cher Monsieur je ne veux pas quitter mes fonctions d'intendant général de la défense, sans acquitter envers vous et les membres de votre Société, une dette de reconnaissance que j'ai contractée.

Je vous ai vu partout et á toute heure, ne reculant ni devant la fatigue, ni devant le danger, je vous ai vu vous, et madame Montemerli votre femme, si justement vénérée, prodiguer dans votre ambulance des soins touchants á nos

blessées; vous avez rendu ma tâche facile et je vous en re-
mercie de tout coeur. — J' ai signalé vos services au Ministre,
je lui ai demandé pour vous la décoration de la Légion
d' honneur, j' espère qu' il accueillera ma proposition avec
faveur et que j' aurai la joie de vous recevoir comme chevalier
d' un ordre dans lequel vous êtes digne de figurer.

Croyez, mon cher Monsieur Montemerli, que je n' oublierai
jamais ce que vous avez fait pour nous; je vous ai donné
mon estime et mon amitié, c' est au Ministre à payer cette
dette de reconnaissance.

Recevez l' assurance de mes meilleurs sentimens.

L' Intendant général de la Défense
WOLF.

~~~~~~~

Documento N. 24.

Grande Chancellerie. Division administrative. 1 Bureau.

RÉPULIQUE FRANCAISE

ORDRE NATIONAL DE LA LÉGION D' HONNEUR

Le Grand Chancellier de l' Ordre national de la Légion
d' Honneur

Certifie que, par décret du quinze Octobre mil huit cent
soixante onze, M. le Comte de Montemerli, (Lorenzo) Président de la Commission Italienne de secour aux blesses a été
nommé Chevalier de la Légion d' Honneur, pour prendre rang
du méme jour.

Paris, le 31 Ottobre 1871.

Vu et enrégistré sous le n° 129,011.
Le Chef de la Division, Benaux.

VINOY

Per le Grand Chancellier: Le Sécrétaire général
VAMRIMY

~~~~~~~

Documento N. 25.

Paris, le 31 mai 1874.

Monsieur le Comte Montemerli,

J' ai l' honneur de vous prier de vouloir bien porter à la connaissance des membres de la **Compagnie Humanitaire Italienne** que, désirant recconnaître les services rendus par eux á la population parisienne pendant le siége de Paris, quelques citoyens, dont les noms suivent, ont pris l' initiative d' une suscription privée dont le produit sera employé à faire frapper des médailles commémoratives destinées á perpetuer le reconnaissant souvenir de Paris envers les braves Italiens si dignement commandés par vous.

Veuillez, Monsieur le Comte ,agréer, avec l' expression de toute notre sympathie, l' assurance de ma haute estime.

Docteur MOREAU WOLF.

Ex-médecin-adjoint au médecin en chef des armées de la Défense de Paris.

Ad. Reignard, E. Reignard jeune, Hamburg, Marty (Léon), Servy (avoué).

Documento N. 26.

Signor Conte,

Mi rincresce di non poter aderire al desiderio da V. S. Ill.ma espressomi, poichè non è conforme alle nostre discipline di rilasciare certificati della natura di quelli che Ella mi richiede, essendo ciò proprio delle attribuzioni dei sindaci.

Mi permetto d' altronde di dirle, signor Conte, che per persone di Lei pari non occorrono certificati, e mi affretto di dichiararle molto spontaneamente che di Lei non mi si parlò mai che come di persona di specchiato patriottismo e sotto ogni rapporto onorevolissima.

Accolga, signor Conte, l' espressione della massima considerazione.

Suo dev.mo servo
FARALDO Prefetto.

Aderisco pienamente e di buon grado alle cose soprascritte dal. Comm. Faraldo.

11 Dicembre 1878.

GAETANO TACCONI Sindaco.

Al sig. Conte **Lorenzo Montemerli**
Cavaliere della Legione d'onore. - Bologna.

Documento N. 27.

. . . . . . che nella sua vita privata o pubblica fu sempre intemerato, che dette prove sia coi modi che colla parola di sentimento politico, e patrio, di onestà, di educazione, di cordialità, e di amicizia, e fratellanza, e che tutti noi amandolo e stimandolo come egli lo merita, col massimo piacere e con perfetta spontaneità gli rilasciamo il presente attestato dei nostri sentimenti.

Bologna, Ottobre 1878.

Francesco Magni - Gian Maria Damiani - Salvi Lorenzo Ven∴ della L∴ Galvani - Gemelli Prof. Carlo - Matteo Leonesi - Giuseppe Barbanti Brodano - Quirico Filopanti - Aurelio Saffi - Pietro Ellero - Camillo De Meis - Pietro Piazza - Pietro Siciliani - F. Pais - Salvino Salvini - G. Ceneri - Bettelli Ciro - Antonio Puccinelli - Leonida Caldesi - Giosuè Carducci - Gaetano Tacconi.

Non sarebbe completa la giustizia da rendere al Conte Montemerli se noi non concludessimo questa pubblicazione con qualche omaggio reso alla memoria della Contessa Montemerli moglie del nostro Lorenzo, defunta in Parigi nel Marzo 1871, dopo aver curato in sua casa dove fu stabilita l'Ambulanza Italiana 60 feriti i quali tutti dovettero alle sue angeliche cure la loro salvezza.

Articolo Necrologico estratto dal Giornale *La Verité* di Parigi N.° 175 del 29 Marzo 1871.

LA COMTESSE MARIE MONTEMERLI

Encore une perte douloureuse à inscrire sur ce martyrologe de la défense de Paris! Toutes les classes de la société, toutes les opinions, toutes les professions ont payé leur tribut à la mort, dans ce siège héroïque, où nous n'avons réussi à sauver que l'honneur de notre vieille capitale; cette fois, la victime est une femme du monde, une noble étrangère, qui a reconnu l'hospitalité de Paris, aux jours de sa splendeur, en lui apportant le sacrifice de sa vie, aux jours d'épreuves et de tristesse.

M.me la comtesse Marie Montemerli appartenait à une grande famille du Portugal. Belle, noble, distinguée, elle s'était fait connaître par des publications où la grâce et la sensibilité exquise de la femme s'associent avec des qualités toutes viriles, une élévation et une profondeur de pensées et de sentiments qu'envieraient les écrivains les plus en renom. Mais nous n'avons pas à tracer une notice sur les œuvres de M.me la comtesse Montemerli; les amateurs connaissent et apprécient ses romans, les *Sensations d'une morte* et *Entre deux femmes,* ainsi que les autres productions dues à sa plume. Pour nous, ses titres littéraires, quels qu'en soient l'éclat et la valeur, s'éclipsent devant les derniers actes de son existence.

Au moment de la déclaration de guerre, M.me Montemerli revenait d'Egypte, où elle avait assisté à l'inauguration du canal maritime de Suez. Elle s'occupait à mettre en ordre et à rédiger ses impressions de voyage, lorsque une lettre du comte Montemerli, son mari, l'appela à Paris pour prendre part à la fondation d'une ambulance italienne, rue Taitbout, N. 24.

L'héroïque femme n'hésita pas un instant. Elle vint s'enfermer avec nous, emmenant ses deux jeunes filles, sans reculer devant les périls trop réels, qui menaçaient la population inoffensive, et les privations de tout genre qu'il était facile de prévoir, mais qui ont dépassé malheureusement les prévisions les plus fâcheuses.

Paris entier connaît les services qu'a rendus l'ambulance italienne, fondée par M. le comte Montemerli et dirigée par son intrépide compagne. Combien de braves soldats, de mobiles, de gardes nationaux, recueillis, soignés, guéris dans cet établissement de charité et d'humanité vont rendre témoignage dans toute la France du zèle, du dévouement, des soins affectueux qui leur ont été prodigués! Nos éloges n'ajouteraient rien à la parole de ces braves jeunes gens arrachés à la mort et dont la reconnaissance, aussi longue que la vie, se transmettra de génération en génération pour attester la fraternité de la France et de l'Italie. Nous savons, d'ailleurs, que les éloges, même les mieux mérités, ont quelque chose qui offense ces âmes d'élite, dont les joies les plus pures se renferment dans la satisfaction du devoir accompli.

Le dernier travail de M.me la comtesse de Montemerli, son chant du cygne a été une lecture publique, faite à l'Athénée le 5 janvier 1871. Elle appelait ses auditeurs à prendre leur part de sa tâche, en achetant sa dernière brochure: *La femme et les blessés* vendue au profit des blessés français. Nous avons sous les yeux cet appel plein de cœur, où M.me Montemerli retrace les devoirs de la femme, aux époques troublées de la vie des nations, et montre que son rôle est digne des plus grands esprits, des âmes les plus tendres.

Elle n'a pas résisté aux fatigues et aux douleurs morales; le triste dénoûment du siège de Paris lui a porté le dernier coup. Il ne reste aujourd'hui de cette nature d'élite qu'un pieux souvenir de tous ceux qui l'ont connue et des regrets éternels pour sa famille, regrets qu'adouciront les temoignages unanimes du respect et de la sympathie de ceux qui l'ont connue.

LECTURE AU PROFIT DES BLÉSSÉS.

La femme et les blesses, par Mme la comtesse de Montemerli.

Siége de Paris

5 janvier 1871.

La femme doit bénir sa destinée, car sa mission sur la terre lui donne des devoirs et des soins dont l'accomplissement, quelque difficile qu'il soit, lui est une source intarissable de consolation et de jouissances! Sa vie d'enfant commence par une foule de petits sacrifices et de légers travaux payés par les louanges et les caresses de sa mère! Adolescente, elle est le rayon de soleil qui éclaire le front blanchi de ses vieux parents, auprès du lit de mort desquels on la verra agenouillée! Jeune mère, elle récolte pour prix de ses innombrables fatigues, de ses inquietudes, de ses longues nuits d'insomnie passées à bercer son enfant, tous les baisers, tous les sourires du petit ange! Puis vient l'époque, longtemps prévue et toujours redoutée, où le faisceau de la famille doit se briser, où les êtres chéris dont elle a été l'ange gardien, qui ont grandi à son ombre, appuyés sur son coeur, soutenus par sa tendresse, doivent la quitter! Elle puise le courage qui lui est nécessaire, et elle trove la consolation à cette immense douleur dans la pensée qu'elle a su contribuer à faire de ses fils des hommes utiles à leur pays, et, de ses filles des femmes destinées a répandre la joie et le bonheur, qu'elles donnaient à la maison paternelle, dans le foyer d'un autre!

Et après avoir traversé tous les sentiers de la vie, lorsque, bien loin dans le passé, elle a vu s'abaisser et sombrer toutes ses illusions, tous ses desirs, toutes ses craintes, toutes ses espérances; lorsque, les yeux élevés vers le ciel, elle ne demande plus rien à la terre qu'un cercueil pour y reposer; sa tâche ici-bas n'est pas finie. Elle doit veiller encore sur les enfants, protéger la jeunesse, déverser autour d'elle les trésors de son expérience, et étendre ses soins à tous ceux qui souffrent! La vie de la femme, de sa naissance à sa mort, n'est qu'une offrande de dévoûment et de sacrifice!

Voici pourquoi durant l'année qui vient de fermer ses portes sanglantes sur les ossements de milliers de héros, vous avez vu les femmes accourir en foule pour se dévouer aux victimes de la guerre! Et cet élan a été un élan général, car on peut voir auprès du lit des blessés des femmes de toutes les classes et de tous les âges; des têtes blanches et de blondes têtes d'enfant!

O France! tombée de l'apogée de la fortune et de la puissance dans des revers qui n'ont pas d'exemple dans l'histoire! combien de spectacles sublimes se sont déroulés sous tes yeux! Tu as vu tes enfants accourir en foule pour faire un rempart de leur corps entre toi et tes ennemis! Tu les as vus, bien qu'écrasés et palpitants, se relever sous les pieds de tes oppresseurs, qui avaient cru les avoir renverés, et ils ont combattu encore! Et Paris, qui dictait des lois à l'Univers, Paris, menacé, assiégé, n'a eu qu'à crier: *Au secours!* et de tous les points de la France: des villes, des villages, des hameaux, des vallées, des montagnes, sont venus par centaines et par milliers, des enfants conduits par des hommes! Ils se sont enfermés dans ses murs, et, en quelques semaines, ils sont devenus des soldats et sont allés combattre pour le salut de la patrie!

La population tout entière de cette ville des richesses et des jouissances, s'est résignée aux plus dures privations, aux plus durs sacrifices! Le froid s'est uni à la faim. Mais, au milieu de tant d'épreuves, le patriotisme, au lieu de faiblir, a grandi; et chacun a fait preuve d'une abnégation sublime et d'une sagesse qui sera pour jamais ta gloire, ô France!

Et les femmes, dont l'élégance faisait craindre la frivolité elles se sont montrées à la hauteur des hommes! Elles ont soutenu leur courage, partagé leurs privations, accepté tous les sacrifices, affronté tous les dangers, et par milliers elles se sont offertes pour aller soigner les blessés!

C'est là ou nous allons les suivre, c'est près de ces pauvres enfants tombés que nous allons les voir déverser les trésors de la charité! Ah! que de bien elles ont pu faire! qu'elles soient bénies des hommes et de Dieu! Quelle tâche! que d'émotions! que d'inquiétudes! que de larmes dévorées en silence! en voyant ces pauvres enfants, la fleur de la jeunesse française, l'espoir de la patrie! la consolation de leur vieille mère; souffrir, languir et s'éteindre loin du village qui les a vu naître; loin des amis, de la famille, seuls, entourés de visages qui leur sont étrangers! C'est alors que la femme a pour eux de ces mots qui rouvrent leurs yeux éteints et amènent sur leurs lèvres livides un dernier sourire! « Votre mère vous bénit! elle ira bientôt vous rejoindre, leur dit-elle, car on est uni dans la mort comme on l'a été dans la vie; l'âme de la mère tient à l'âme de l'enfant! »

Mais détournons les yeux de cette triste scène. Voyons les femmes prodiguant leurs soins au plus grand nombre, à ceux qui se guérissent! c'est là où le tact féminin se révèle. Tous ces blessés qui ont été reçus dans les ambulances, comme des amis; qu'elles sont allées attendre, auxquels elles ont offert tous les soins, pour lesquels elles ont tout prévu! Il faut leur donner, non-seulement la guérison, la tranquillité morale. Elles commencent, à force de soins affectueux, par leur inspirer la confiance! Leur présence, pendant la visite des médecins, diminue de moitié la crainte mortelle que tout blessé, sous la menace d'une opération, éprouve toujours à cette heure redoutée! En présence de la femme, l'homme veut se montrer fort contre la douleur, il sera même capable de supporter des tortures sans se plaindre, si elle lui prend la main en lui criant: « Courage! » Aussi lui prodigue-t-elle des encouragements sans fin! Elle, si faible, si impressionable, qui fermait les yeux pour ne pas voir une plaie, vous la voyez debout, près des opérateurs. Elle tremble, c'est vrai, mais son dévouement la soutient! De rapides larmes tombent de ses yeux, elle ne fait pas un geste pour les essuyer! Elle craindrait qu'on ait cru qu'elle pleure!

Et que de soins si petits, et pourtant si complets, les femmes savent prodiguer à ceux qui souffrent. Elles leur parlent du pays, de la famille, de la maison paternelle, située là-bas dans un vallon, en Bretagne ou bien en Provence. Elles connaissent la famille de celui qui souffre: Jeanne, la sœur aînée, et Marie la cadette, c'est celle qui s'occupe du ménage; et Marguerite la toute petite sœur, qui rentrait les agneaux dans la bergerie, quand son grand père le soldat est parti!

Elles parlent à chacun de son état, de ses occupations, de ce qui lui plaît, de ce qu'il aime! Et si parmi ces hommes qui leur sont confiés, il en est quelques-uns qui prient et qui osent le dire, elles s'associent à leurs prières! Et le jour où guéris, ils franchissent, pour sans doute n'y plus revenir jamais, le seuil de la maison qui a été leur refuge, elles leur disent tout bas: Vous devez votre rétablissement aux soins incomparables de nos médecins et peut-être aussi à vos prières! Puis des adieux s'échangent entre les blessés et ces femmes, qui ont été pour eux un peu sœurs, un peu mères. Les mains se pressent, les yeux se mouillent, quelques paroles, que l'émotion arrête, sont devinées, et ces nobles enfants de la France vont de nouveau s'offrir en holocauste sur l'autel de la Patrie!

En les voyant disparaître, après les avoir suivis des yeux comme ceux que l'on craint de regarder pour la dernière fois, les femmes rentrent tristement; mais bientôt, elles retrouvent le calme pour se dévouer à de nouvelles victimes, pour entreprendre de nouvelles fatigues.

O France! quelle que soit l'étendue de tes malheurs, ne te laisse jamais abattre! Un peuple ne faiblit jamais quand il sait opposer aux souffrances le dévouement, aux épreuves l'abnégation et au vrai danger l'héroïsme!!

Vive la France!!!

Comtesse MARIE MONTEMERLI.

———————

Il Conte Montemerli offriva testè alla Regina Margherita un autografo della Contessa Maria Montemerli e ne riceveva l'amabilissima e lusinghiera risposta che qui riportiamo:

Roma, 29 Aprile 1879.

Casa di S. M. la Regina.

Nobile signor Conte,

Sua Maestà la Regina ha gradito con speciale compiacenza la gentile testimonianza di affettuosa devozione che la S. V. Nobilissima volle porgere coll'offrire in omaggio un autografo della compianta Contessa Maria Montemerli nata Soares d'Albergaria, donna preclara per nobili esempi di virtù e benemerita dell'Italia.

L'Augusta Sovrana desiderosa di testimoniare alla S. V. quanto le sia tornato caro il ricordo, mi ha onorato dell'incarico grazioso di esprimerle i sensi dell'animo suo grato per sì cortese e delicato pensiero.

Le piaccia accogliere con questa opportunità, Nobile signor Conte, gli atti della distinta e massima mia osservanza.

Il Cavaliere d'onore di Sua Maestà
MARCHESE DI VILLAMARINA.

Nobile signor Conte Montemerli.
Firenze.

———❧———

Nota — Il Conte Lorenzo Montemerli non voleva che questo documento venisse pubblicato. Parevagli che il triste senso del regionalismo se ne ridestasse. Le accuse mosse nel 49 al Piemonte erano ingiuste; riuscirono funeste: noi lo affermiamo anche di fronte a questo scritto ch'è di un grand'uomo, di un generoso patriota. Ma poichè erano desse un prodotto necessario, sebbene morboso, di quel momento storico, e la storia non può falsificarsi, noi persistiamo nel volere stampata anche questa pagina. Nessuna parte della vita del Montemerli deve rimanere ignorata,

CPSIA information can be obtained
at www.ICGtesting.com
Printed in the USA
BVHW041709200519
548806BV00017B/689/P